一億二千万人よ。変えなきゃマジヤバイ！
甦れ大和魂

原点回帰

この国の政
今いち度「5S」致し申し候

前盛　叶

風詠社

目次

まえがき …… 9
『因果応報』の法則 …… 12
「政策で国民は変わる」 …… 18
「年金制度」とは？ …… 19
我が国の年金制度の仕組み …… 21
年金制度の素案（草案） …… 24
年金制度の改革案 …… 37
受給年齢を60歳からとすれば景気は良くなる。 …… 46
まとめ …… 48
あとがき …… 52
感謝とお礼 …… 58

装幀　前盛　叶
2DAY

原点回帰

この国の政（まつりごと）
今一度「５Ｓ」いたし申し候。

（１）整理
制度を「検証」し成果が上がらぬものは「廃止」するべし。
複雑な制度は「改善」し、国民に分かりやすくすべし。

（２）整頓
担当部署・担当者・責任者を決め責任の所在を明確にし「見える化」するべし。
公文書・議事録・書類は大切に保管し、いつでも「開示」できるようにするべし。

（３）清掃
悪しき慣例や慣習を「掃き」捨て「風通し」をよくするべし。

（４）清潔
３Ｓ「整理・整頓・掃除」が乱れてきたら「元」の状態にし綺麗な状態を維持するべし。Ｐ（プラン）計画を立て、Ｄ（ドゥー）実行し、Ｃ（チェック）検証して、Ａ（アクション）改善する（Ｐ・Ｄ・Ｃ・Ａ）を繰り返し行うべし。

（5）躾

「箍」が緩んだ職員や官僚はしかってでも反省を促すべし。

法令違反の「罰則」を重くするべし。

国民に与えた損害金は当事者または関係者で「全額弁済」するべし。

まえがき

この世に生を受けたすべての人間は幸せな人生を送るため、生まれてきました。

縁あって日本に生まれてきた人であれば、日々の営み暮らしの中で日本人であって良かったと感謝し、日本の国に生まれて良かった、幸せだったと満足をしながら人生を全うしたいものです。

しかしながら、今日の国民の思いはどうだろうか？　民意が反映された国家戦略、政策が行われているだろうか、疑問を持たざるを得ません。

いうまでもなく、日本の国は議会制民主主義国家として成り立っています。

国民の声は、選挙で選ばれた議員（代表）を通じて政治に反映、活かすシステムです。

ところがその大事な選挙の投票率は年々右肩下がりで、平成26年に実施された第47回衆議院総選挙の投票率は過去最低の52・66％と最悪の結果となりました。

有権者のほぼ半分の二人に一人は投票せず「国づくり」に参加していないと言えます。

各年代別の投票率については、若年層、特に20代が際立って低く次の様になっています。

20代　32・58％

30代　42・09%
40代　49・98%
となり、20代〜40代までは50%を下回る結果となっています。
※参考資料として昭和42年実施された第31回衆議院総選挙の投票率を記載します。
20代　66・69%
30代　77・88%
40代　82・07%
この二つの投票率を見比べると一目瞭然、若い世代の「政治ばなれ」が著しく進んでいる事がわかると思います。
30代〜40代と言えば地域社会や職場において各々に託された任務や職責をはたし、新入社員や後輩の人材育成にも中堅どころとして現役バリバリで頑張っている世代です。
20代は学校教育の場から社会教育の場へ一歩足を踏み入れ、職場の先輩から作業や技術を学び職業人となるため修行を積む年代です。また、地域の人々とのふれあいの中で文化や伝統・ルールや社会規範を身につけ、立派な社会人になるため頑張っている若者達です。
社会を支え牽引し未来を担う20歳〜40歳世代の「政治離れ」が一段と加速していく現状で健全な国家と言えるのでしょうか?

私は一人の国民として「今」変わらなければ！「今」変えなければならない！と強く思っています。また、一人でも多くの国民が選挙を通じて政治に参加し健全な「国づくり」に貢献することを願っています。

第16代アメリカ合衆国大統領エイブラハム・リンカーンの至言

「人民の人民による人民のための政治」

を今一度、思い起こし原点に立ち返りましょう。

『因果応報』の法則

あえて説明の必要は無いと思いますが、全ての『結果』には『原因』があるということです。

善い結果であれば『善因』、悪い結果であれば『悪因』が当然あるのです。

「まえがき」で、申し上げた通り、我が国の政治が健全でない事は皆さん共通に理解して頂いたと思います。

では『なぜ』今日の様な事態・結果が生まれてきたのか、私の独断と偏見ではありますが『原因』を考えてみました。

なぜ、投票率は下がり国民が政治ばなれして、無関心になったのか？

原因（1）『教育のあり方』

教育は

一、家庭教育

一、学校教育
一、社会教育
の三位が一体となり成り立つものです。

①家庭教育については
私の経験とその記憶をもとに述べたいと思います。

私の幼少期や小中学生のころは、ごく普通の一般家庭で政治や選挙の話題や会話が頻繁にありました。

父と母の会話や、親戚の人達が行事で集った時、隣近所のオジさんオバさん達の茶飲みの場などです。

特に選挙が近づいてくると一カ月前あたりからその熱量は急上昇し、当日には沸騰点に達し、その後は一週間程かけて鎮静化するという風で、政治や選挙は生活の一部と言っても過言ではない環境で育ちました。

政治の話題や選挙で一喜一憂する周りの大人達の影響が政治は身近なものだと強く私に印象付けた様に感じています。

その経験から家庭内で、政治や選挙・政策を問題視した会話をもっと沢山すべきだと思います。

次に

②学校教育については

今日の我が国の義務教育・高等教育の過程で議会制民主主義国家の根本「投票」は国民の権利であり、また、義務・責任である事がしっかりと教育されていないのではないかと思います。歴史教科書に基づきしっかりと教科として授業をなされていると思いますが、歴史的視点だけでは不十分に思います。権利・義務・責任は社会生活を営む私たち人間の根本となる最も重要なものだからです。むしろ道徳教育を強化し子供達にしっかりと教え育む事が必要だと思います。道徳教育の重要性についてノーベル物理学賞を受賞したアルベルト・アインシュタインは次の様な至言を残しています。

「人間にとって最も大切な努力は自分の行動の中に道徳を追求していくことです。」

また、民主主義について第35代アメリカ合衆国大統領ジョン・F・ケネディは

「一人の有権者が民主主義に無知であることは、あらゆる安全を低下させる。」

と言っています。

二人の賢者が残した至言は今まさに我が国がかかえる危機的状況を打開し救済しうる苦

言に思えてなりません。

最後の

③社会教育については

アルベルト・アインシュタインの至言を記述します。

教育とは学校で学んだ事を一切忘れてしまった後になお残っているもの。そしてその力を社会が直面する諸問題の解決に役立たせるべく考え、行動できる人間を育てること。それが教育の目的と言えよう。

社会教育の場は、ほぼ職場だと言えます。民間の会社や企業は死活問題として長期プロジェクトを立て、必死に取り組み努力しています。それに比べて、役所、官公庁はどうでしょうか？

霞が関の不祥事は、即、政治不信につながります。国民への背任行為で大きな罪です。社会教育が今、日本で一番必要な所は霞が関ではないでしょうか。

原因（2）『政治家の質の低下』

『皆さんの思いを政治の場に届けます。』『皆さんのために働きます。』とお願いし当選したにも関わらず、政治資金……でマスコミで謝罪会見でのお粗末な醜態を見せたり、または不適切な表現でしたとか、政治家の質の低下が目に余る。国民感情として裏切られた思いが生まれ、当然、選挙参加の意識も冷め投票率の低下となるのではないか？

また、最近の国会審議は茶番で、質問する議員は議案の欠点を責めるだけ、応答する役人・大臣は上手くかわしたり逃げるだけ、その挙句に双方とも相手の言葉尻をとらえて誹謗中傷合戦です。本末転倒もはなはだしい。それを目にする国民がしらけて政治に期待しなくなるのも当たり前のことです。


「議論は知識の交換であり口論は無知の交換である。」

アメリカの作家ロバート・クィレン

原因（3）『政策に期待できない』

国の重要な政策には「安全保障」「教育」「社会保障」と大きく三つあると思います。中でも、国民生活に密接に関わってくる社会保障政策は関心度が高い事は言うまでもありません。

社会保障政策には、医療保険・年金保険・子育て支援制度などありますが、中でも年金制度は、国民全体が最も関心度のある政策です。

「年金制度」についてて問うインタビューの答えは、殆どが「自分達が受け取る時に本当に貰えるの？　貰えても微々たる金額でしょ！　大丈夫？」「そんな年金、納める気持ちになれる？」逆にインタビュアが質問されます。おっしゃる通り、同感の一言です。

十年・二十年・三十年・四十年先に年金を受け取る国民にとって現制度は「保障がない」欠陥だらけの制度だとしか言いようがありません。

一日も早く国民が「安心」「納得」出来る年金制度に変えなければなりません。

原因（４）『政治腐敗』

既得権をかざし、天下りをしたり口利きで賄賂や不正入試または公文書改ざん、障害者雇用制度のでたらめな運用等など、国民の側から見ると情けないありさまです。見方を変えれば国民へのパワーハラスメントだといっても過言ではないでしょうか。


以上、四点が国民の心に年々積もり積もって政治不信となり、諦め感を生み、憤りと化した結果、国民の反発・声なき声として選挙の否定に繋がっているように思えます。だとしても、国民の権利・義務を放棄してもいいことにはなりません。

では、どうすれば今の状況を変えることができるか？

具体的に取り上げ、一つの方法論として私の提案を申し上げたいと思います。

「政策で国民は変わる」

〝政治は生活なり〟

この言葉は、私が幼いころ父から授かった教訓で今でも強く脳裏に焼き付いています。

しかし、今日の状況はそうではなく、逆に国民の生活から遠く離れて、政治は独り歩きしている。

いや、独り歩きさせているのでは？と、思えてなりません。

政治（政策）が私たち国民生活にいかに密接にかかわっているか、身近な「年金制度」を検証し、より良い制度の提案を具体的にしていきたいと思います。

「年金制度」とは？

厚生年金保険は、昭和29年の改正でサラリーマン（公務員・教職員を除く）年金制度として仕組みが確立しました。一方、国民皆年金保険を図るため、昭和36年には、サラリーマン以外の国民についても年金制度に加入させるべく国民年金法が施行されました。

先ずはじめに年金制度の良し悪しを論ずるには、その制度の主旨を正しく理解し、そして、その目的を共通認識のもとで議論しなければなりません。

私は、国家の建設や存続は、その国の国民は一人ももれなく働くことで参加し、貢献しなければならない義務であり責任だと考えます。

サラリーマンであれば、定年を節目とし、農林水産業（第1次産業）や、自営業者（第2次産業）においては、後継者が育った時期であったり、自らの生活を営むために働かなければなりません。そして、働くことは国家の建設や、存続に貢献している事だと思います。

業種の違いや男女、年齢、立場、地域に関係なく国家へ貢献し、その貢献度は皆同じであると思います。なぜかならば、この社会にあるすべての業種は繋がっていて、共に支えあい、なに一つ欠けても社会は成り立たないからです。

この事実を前提にして、年金制度を考えると、国家への義務と責任を立派に果たした国民に対し国は敬意をもって接し、その功労に報いる制度の一環として生まれ、その役割を果たす制度でなければならないと強く思っています。ゆえに、年金生活・暮らしが「安心」で「安定」出来るような制度かどうかという点は、とても大事だといえます。

しかしながら、いかに立派な大義・主旨のもとに発足スタートした年金制度でも、社会環境の変化、特に人口構造や、減少による財源不足にみまわれ破綻寸前の状況を目の当りにするとき、私自身の老後の問題として考えることはもとより、制度を発足させた先人の皆様、また子供や孫、未来の日本国民の為にも、何とか解決策を見出せないだろうかと、真摯に考え一人でも多くの国民に伝えたく筆をとりました。

また、この提案が一人でも多くの皆さんに伝わり、賛否両論・議論が高まり、未来永劫、継続可能な素晴らしい年金制度が出来上がることを心から願っています。

その様な考えのもとで、年金制度を理解すれば国家と国民、国民と国家の信頼は高まり絆は強くなる素晴らしい制度が出来ると思います。

我が国の年金制度の仕組み

年金制度のシステムは次の様に成っています。

（1）国民年金

すべての国民（主に自営業の皆さん）を対象とし、その老齢・障害・死亡に関して給付を行う年金制度。

（2）厚生年金

民間企業で働く会社員を対象とした公的年金制度。国民年金に上乗せした形で管理・運営されている。

（3）共済年金（基金）

以上、大きく分けて三つの年金で成り立ってい

【図 1】

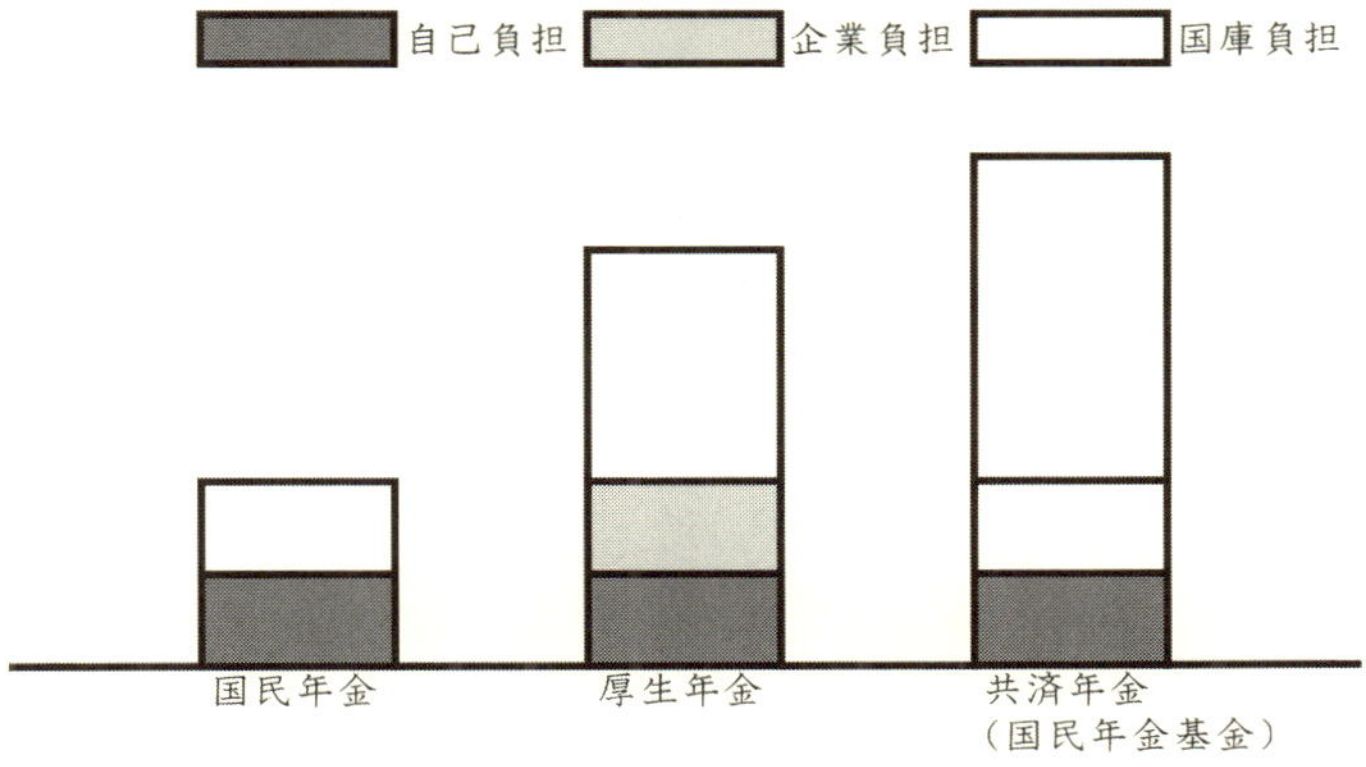

ます。

図1で見て分かる様に、個人一人一人で所得に応じて納税額が異なり、また、加入する年金によってその年金財源が違ってくる事が分かります。当然のことながら、年金受給額が業種や所得によって一人一人大きく違ってくる制度です。

■年金制度の危機

今日の状況は年金積立金の目減り、国家財政の悪化にともない国庫負担が重く圧しかかっています。この様に不足する年金財源を今後はどう解消するかがポイントになっています。その対応策で制度の維持継続が可能か不可能か大きな分岐点に国民は立たされています。財源不足や運用について問題点を挙げて、現実を見つめ根本から制度の見直しを提案します。

■財源不足の要因と制度の欠点

なぜ財源は不足するのか？

（1）少子高齢化による人口構造の変化

（2）年金未加入者や未回収 ＝ 年金不信者やニートの増加

（３）役所や担当省庁の不適切な運営管理＝無駄遣いなど

年金制度の欠点はどこにあるのか？

（１）年金受給者の格差の拡大

（２）受給年齢の先延ばし

（３）年金積立金運用リスク（債券国債や証券などの運用）

（４）年金納税者と受給者のバランスの崩壊（支える側と支えられる側）

右記に書いてある事柄が私の理解する大まかな現行年金制度の抱える問題点であると思います。

今後、求められる年金制度はこの問題点をすべてクリア出来る制度でなければなりません。

では、理想とする制度はどの様にすれば出来るのでしょうか、これからこの事について一つ一つ取り上げて具体的な形で説明し示していきたいと思います。

年金制度の素案（草案）

前項であげた財源不足や制度・システムの欠点、問題を全てクリアするには、
①財源の徴収方法
②年金の支給額
この二つを大きく変える必要があります。
①の徴収方法は現行の所得に応じた個別の徴収を止めて、消費税によって徴収する方法です。もちろんそれは目的税であって年金財源のみに使用する事です。
②の年金の支給額は受給者への金額差を無くし、全て同じ額で平等にするというものです。
この二つの条件を前提として、財源システムの問題を見直していきたいと思います。

■財源不足

問題点①

①人口構造の変化や少子化によって起きる財源不足は解消できる。

【理由】

今の徴収方法や仕組みでは、当然支える側（現役世代）と支えられる側（受給者世代）と二極化しており、人口の減少や人口構造のバランスが崩れると必然的に財源が不足します。

消費税を財源とすることで、支えられる側の受給者もそれを支える側にもなります。すなわち国民全体で年金制度を支え支えられる事が出来ます。年金を受け取るだけではなく、消費税を納める事で年金を支える事になり、人口構造の変化やバランスが崩れたとしても安定した財源確保が出来るということです。

少子化や長寿社会によって人口構造の変化をグラフ化して年代別に比較した図（図1、図2、図3）を示します。

図3（グラフ）は昭和25年～平成22年までの人口推移と年齢層割合を示す表です。

【図 1】

① 1950 年（昭和 25 年） 10 月 1 日　第 7 回　国勢調査

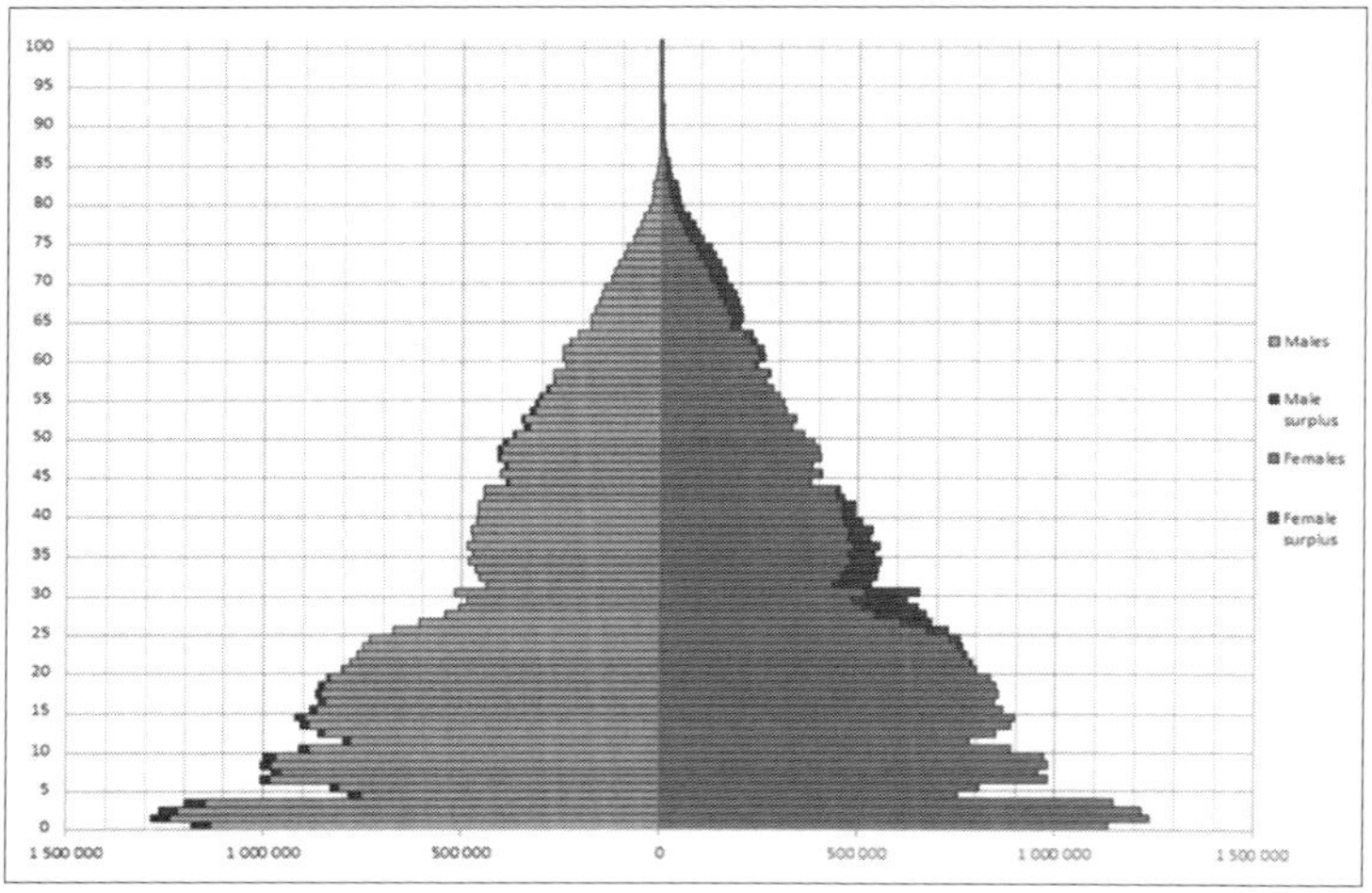

② 1975 年（昭和 50 年）10 月 1 日　第 12 回　国勢調査

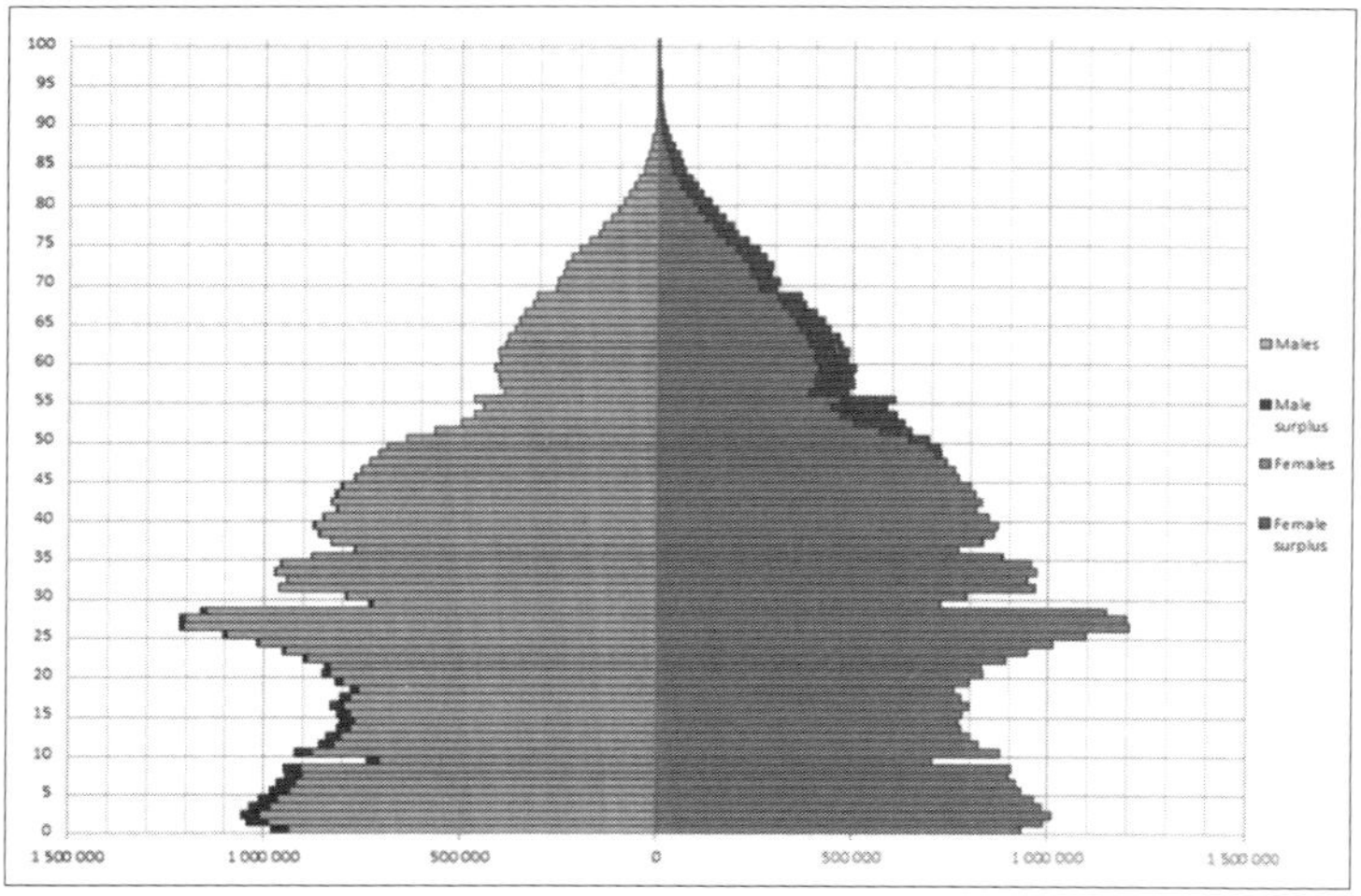

【図 2】

③ 2000 年（平成 12 年）10 月 1 日　第 17 回　国勢調査

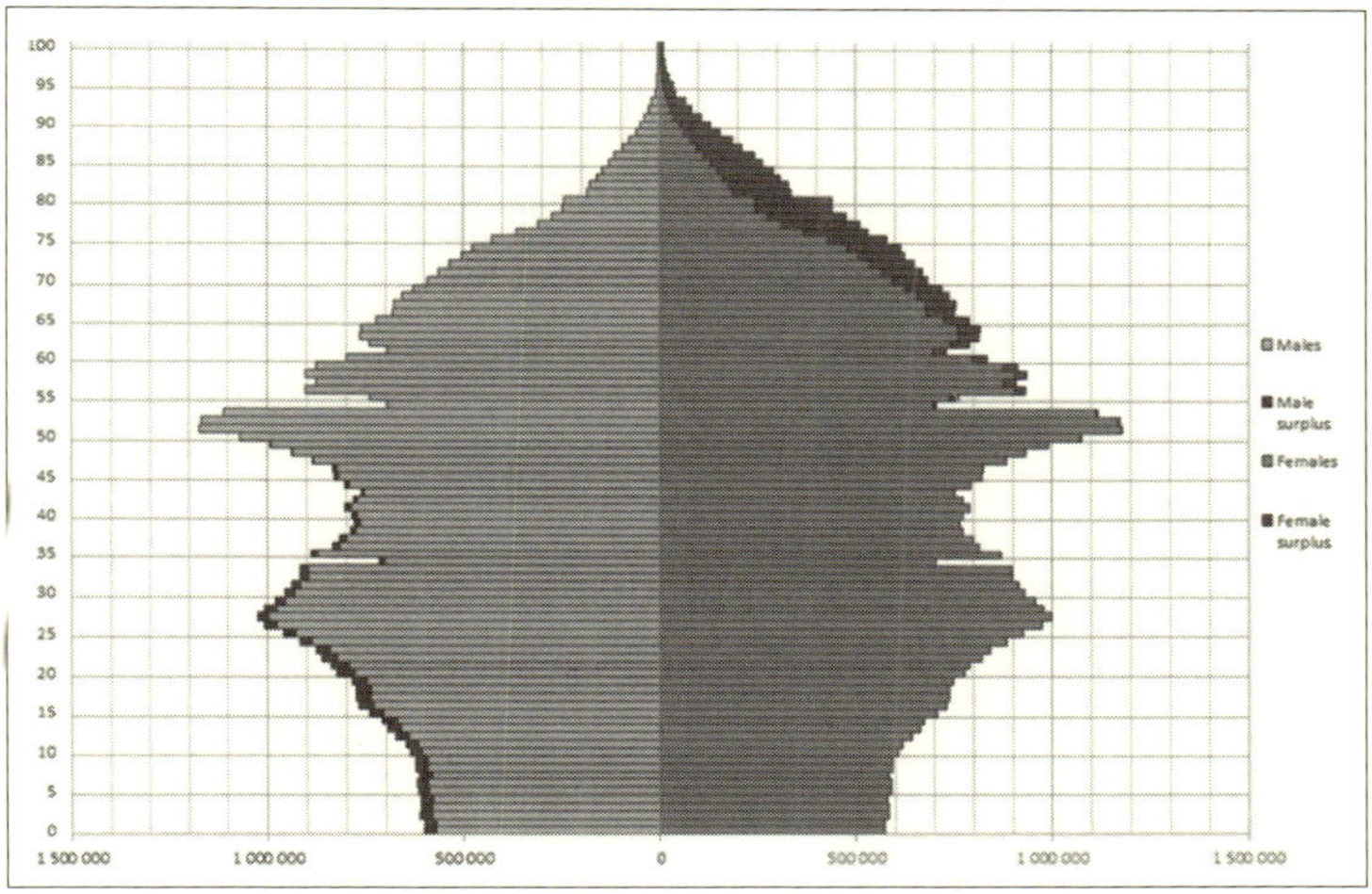

④ 2010 年（平成 22 年）10 月 1 日　第 19 回　国勢調査

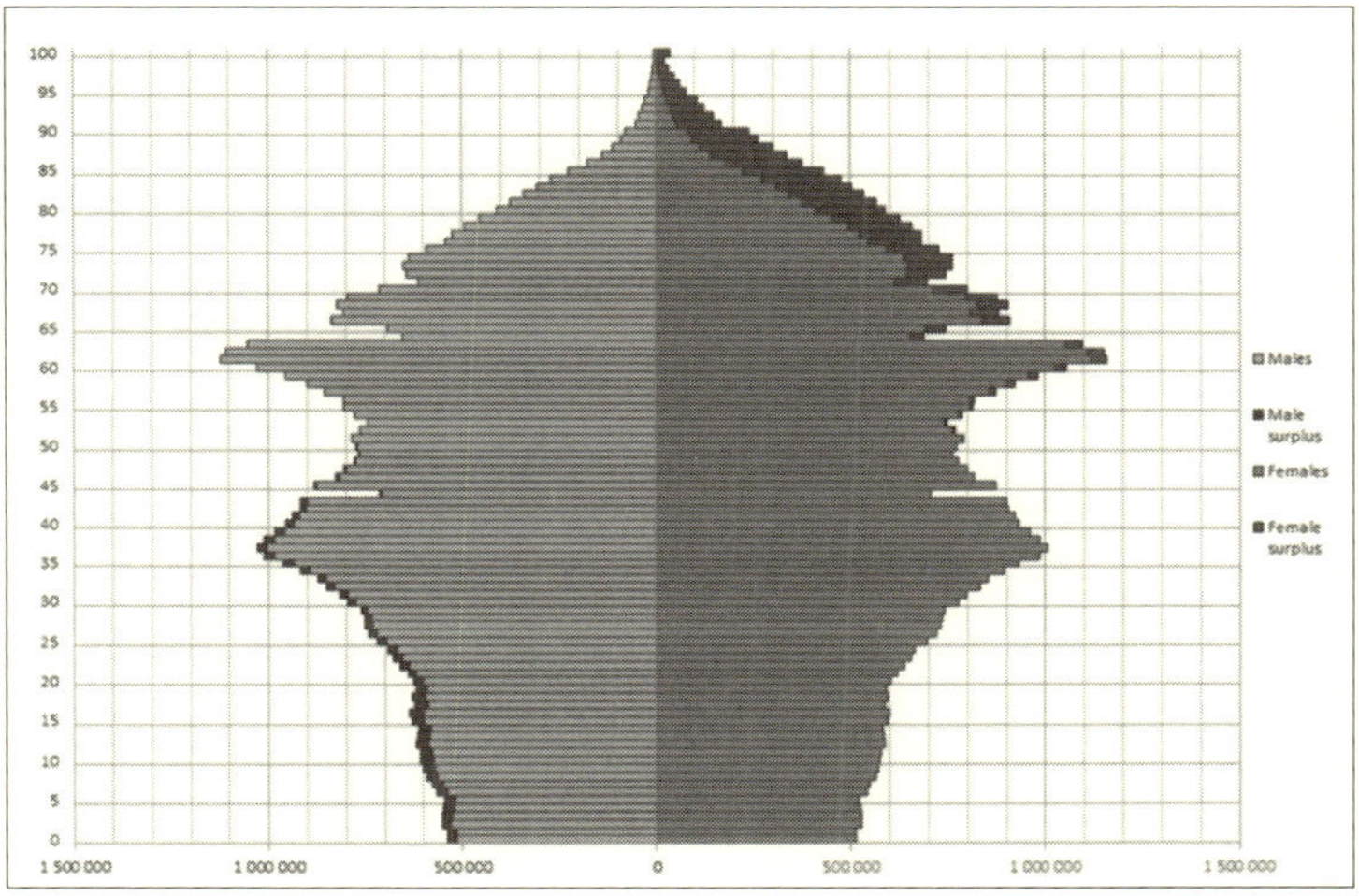

【図 3】

総人口の推移

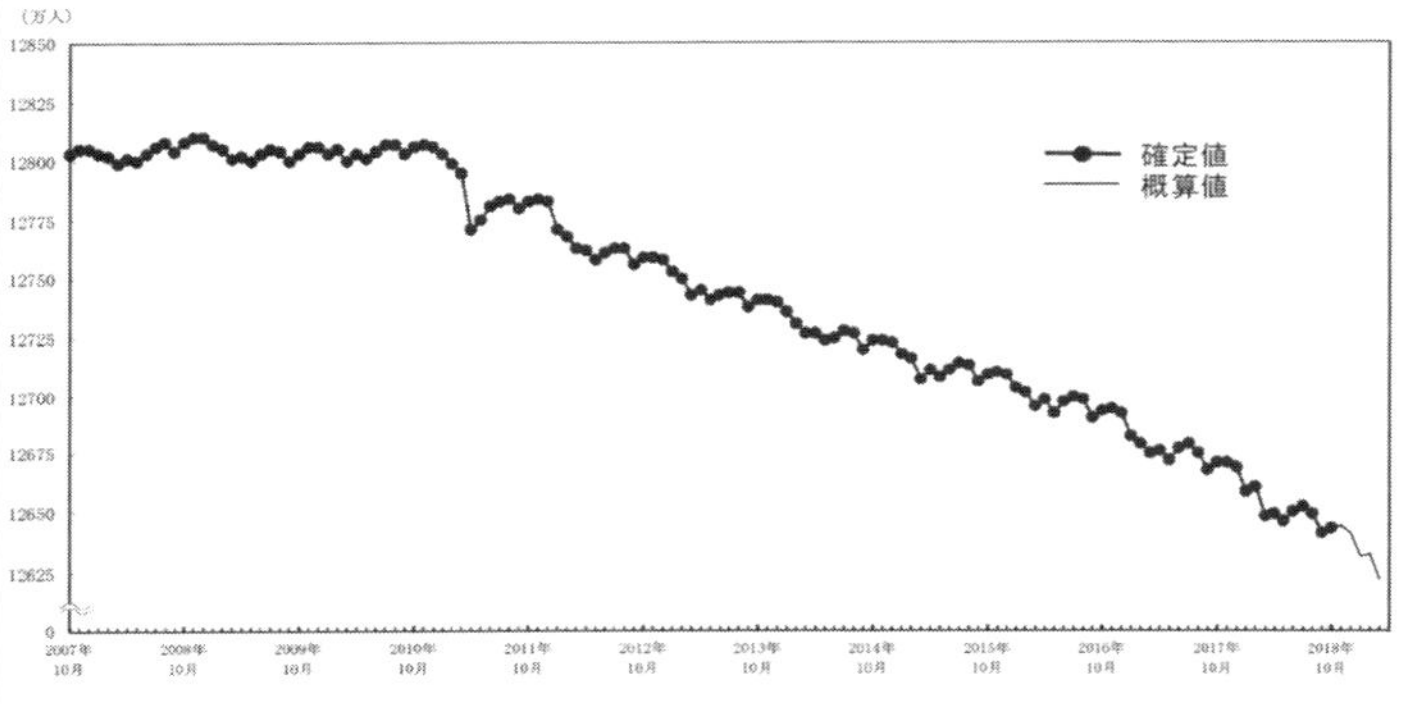

年月	2018年 (平成30年) 3月	4月	5月	6月	7月	8月	9月	10月	11月	12月	2019年 (平成31年) 1月	2月	3月
総人口 (千人)	126, 493	126, 502	126, 466	126, 509	126, 529	126, 496	126, 417	126, 443	P 126, 450	P 126, 420	P 126, 320	P 126, 330	P 126, 220
前年同月比(%)	-0. 21	-0. 20	-0. 20	-0. 20	-0. 20	-0. 20	-0. 21	-0. 21	P -0. 21	P -0. 22	P -0. 22	P -0. 22	P -0. 22

P：概算値

平均寿命（日本、年)(1990 年～)

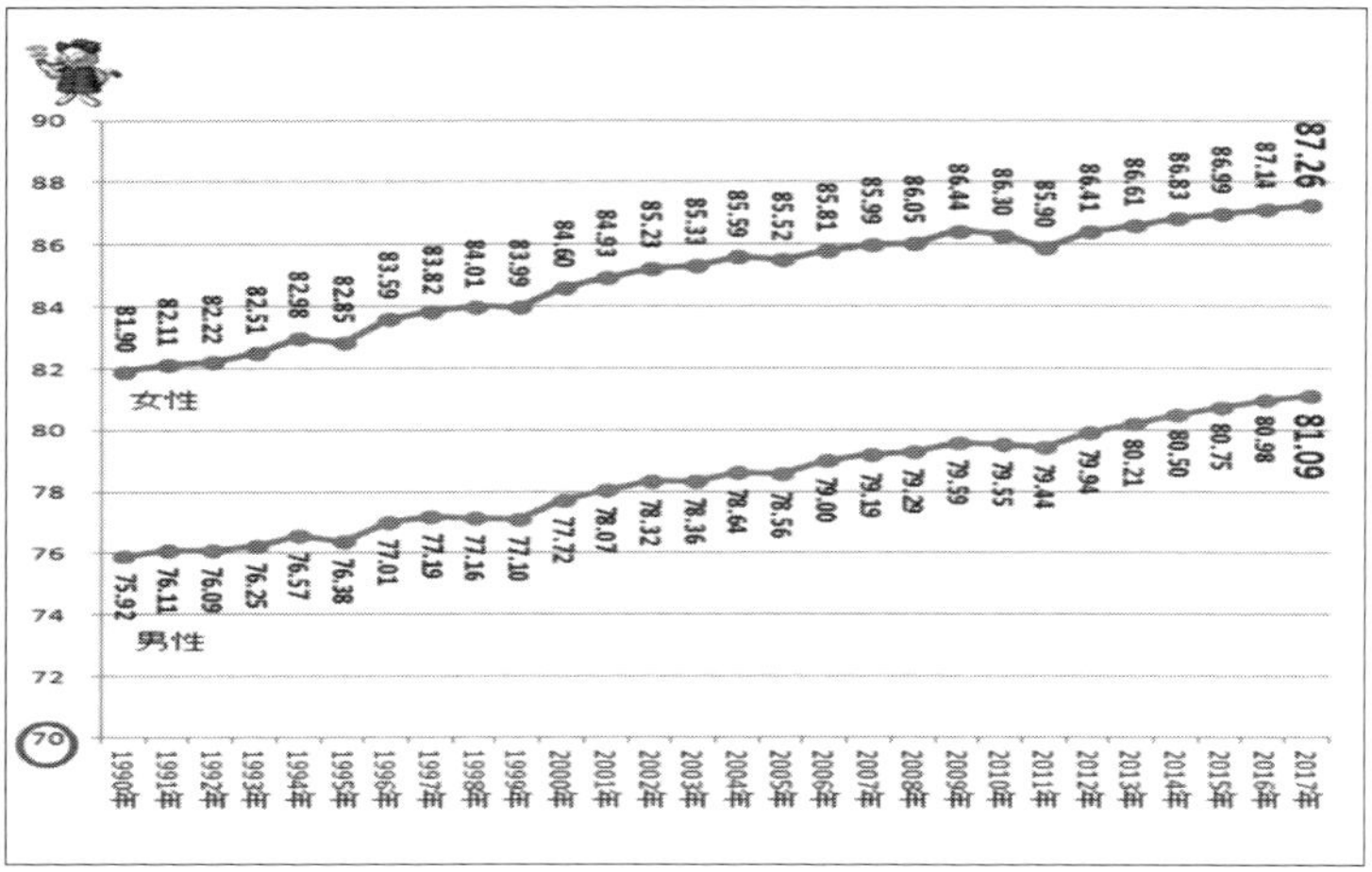

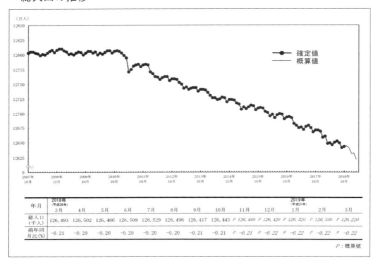

問題点②

②未加入者、未納者による財源不足は解消できる。

【理由】

この問題は説明が必要ない程、明白であり簡単です。

消費税で徴収する事で、全ての国民が一人も漏れなく消費生活をするので、自動的に納税する形となり徴収率１００％、年金加入者率１００％が達成できる事になります。

問題点③

役所や担当省庁の不備や不適切な管理や運用、または職員の不祥事（着服・消えた年金記録・グリーンピア破綻問題）をなくす事が出来る。

［着服］

①１９６２年に99件判明したという年金保険料や、給付金の着服事件で、被害総額が約３億４３００万円で社会保険庁と自治体の職員によるもの。

②２０１３年11月に発覚した、長野県建設業厚生年金基金の同基金の元事務長による着服（２００５年～２０１０年の間で23億円超）

［不祥事］

消えた年金記録

①2006年に人為的ミスで、約5000万件の記録が無くなり、現在でも約2000万件以上もの年金記録が解明されていない。その為、正当な額を受給できなかったり、未払いがある。

［不適切な運用］

①グリーンピア問題

グリーンピアとは、1970年代前半に厚生省が立てた計画である。全国13カ所にリゾート施設のような大規模保養施設を建設したが、後に、大赤字を出し民間の企業に48億円（全施設）で売却した。この事業は、年金財源を1953億円投じており1900億円以上の年金財源を失った。

②官舎や職員専用のゴルフ練習場などの建設費にも年金給付金が使われていた。その金額は、56年間で6兆8000億円という莫大な金額である。

前記の実例をみても、不祥事や不適切な運用の実態が分かると思います。

不要な施設（俗にいう箱物）や、法人を作り天下りのイスとなり、着服の温床と化し挙句、そのツケを国民にまわすという真しやかな醜態が現制度の実態なのです。

消費税を財源とし、年金制度を一本化し、支給額を同額にすれば、個々の年金データは必要がなくなり、人為的ミスも防げます。また、担当省庁の思惑で全く別の使途に使われずにすみ、関係・担当する職員の着服事件も防ぐ事に繋がります。

着服事件の被害、無駄使いをなくすことで財源不足を減らし、財源が安定・確保できる根拠、理由です。

■制度・システム

次に、制度・システムの問題点を取り上げます。

年金制度を一本化し、消費税（目的税）を取り入れたら問題は解消されるか？

①年金受給者の格差はなくせる

日本の年金制度は、公的年金と、私的年金があります。

公的年金には、全員が加入する国民年金と、サラリーマン・公務員等が加入する厚生年金の二つがあります。私的年金には、確定拠出年金・企業型と、確定拠出年金・個人型があります。国民年金の保険料は所得にかかわらず、一人一カ月1万６４９０円（平成29年度の場合）です。厚生年金は、サラリーマンの所得に応じて、保険料を支払います。当然、積み立て方式なので加入している年金や年数、所得に応じて積立額が大きく違ってくるため受け取る年金額も、個人個人で大きな差が生じてきます。所得格差は、年金格差であり、ますます拡がっていく傾向にあります。個人の格差に留まらず、左の表（都道府県別　平均年収）を見ても、地域格差は大きな社会問題となっています。

都道府県別　平均年収表　（単位：万円）

順位	都道府県	平均年収
1	東京都	580
2	神奈川県	525
3	愛知県	518
4	大阪府	498
5	滋賀県	484
6	京都府	474
7	兵庫県	474
8	静岡県	468
9	埼玉県	468
10	千葉県	465
11	茨城県	461
12	三重県	460
13	栃木県	454
14	奈良県	446
15	広島県	446
16	福岡県	443
17	群馬県	441
18	岡山県	440
19	山梨県	436
20	香川県	434
21	岐阜県	432
22	和歌山県	430
23	長野県	429
24	宮城県	429
25	富山県	424
26	山口県	420

順位	都道府県	平均年収
27	福井県	416
28	石川県	415
29	福島県	407
30	徳島県	405
31	北海道	400
32	愛媛県	398
33	新潟県	397
34	熊本県	386
35	大分県	380
36	鳥取県	379
37	長崎県	378
38	島根県	377
39	鹿児島県	370
40	高知県	366
41	山形県	366
42	佐賀県	362
43	青森県	352
44	岩手県	350
45	秋田県	348
46	宮崎県	347
47	沖縄県	333
全国平均		423

※全国平均 423 万円
データは、平成 25 年時統計元　厚生労働省「賃金構造基本統計調査」（データ最終更新日　平成 27 年 02 月）
１位の東京都と 47 位の沖縄県との対比率は約 1.74 倍である。

前項の表では都道府県別の平均所得で、上位と下位の格差を示しました。
次に、所得格差は年金格差であると先述しましたが、その事について説明します。
厚生労働省が公開している「平成29年度厚生年金保険国民年金事業の概況」という報告書で、年金支給額は国民年金が平均月額で5万5615円、厚生年金は14万7000円という事が公開されました。その額は、全国の平均支給額なので平均所得が1番高い東京都と、低い沖縄県で試算すると、以下の通りになります。

全国平均所得　＝　423万円
東京都平均所得　＝　580万円
沖縄県平均所得　＝　333万円

これを基に試算すると……

東京都　厚生年金受給額（月額）
580万円 ÷ 423万円 ＝ 1・371倍
14万7000円 × 1・371 ＝ 20万1537円

沖縄県　厚生年金受給額（月額）
３３３万円÷４２３万円＝０・７８７倍
14万７０００円×０・７８７＝11万５６８９円

となり、東京都と沖縄県で比較すると、１・７４１倍の格差となります。受給額で８万５８４８円の大きな差となります。

このように都市部と地方の所得格差が拡大していく状況を国は従来の「地方交付税」だけでは是正できず、平成二十六年九月三日、第二次安倍改造内閣発足時の総理大臣記者会見で内閣府特命担当大臣（地方創生担当）を任命し地方自治体の自立を目的とした規制緩和や助成金を交付し、いろいろ政策を打ち出してきました。中でも一番の目玉として導入されたのが「ふるさと納税制度」です。

経済や人口の東京一極集中を是正し、地方の人口減少に歯止めをかけ、日本全国津々浦々北は北海道稚内から南は沖縄県波照間島まで、末端の地方自治の自立と、経済の活性化を押し進めるための政策として成果はどうでしょうか？全くもって期待外れであります。

「ふるさと納税制度」を取り上げても火を見るよりも明らかです。

自治体の手腕や様々な環境条件で納税収入が大きく違っています。格差を是正するどころか「ふるさと納税制度」自体が地方格差を生みだすという滑稽な話です。

過疎地方で暮らす年金受給者の人達は殆どが国民年金加入者です。私の提案する年金制度は、今の国民年金受給額より大きく増えるシステムなので、地域経済を活性化させる点において、国民一人も漏れなく平等に確実に、一カ月一度間違いなく、そしてダイレクトに届く有効な制度であり、すばらしい効果を発揮できると確信しています。

年金制度の改革案

（1）年金財源を消費税で徴収する。
（2）三つの年金制度【国民年金・厚生年金・確定拠出年金（私的年金）】を一本化する。
（3）年金の支給額は、対象となる全ての国民に同額とする。
（4）年金の支給年齢は60歳からとする。

先ずはじめに、
『（1）年金財源を消費税で徴収する。』に変更した時、一般の消費者国民生活に影響はないか？という大きな疑問です。

その疑問についいては一般のサラリーマンの給与明細で説明します。

【図4】はサラリーマンの例であれば消費税を財源とする制度案で給与を試算すると【図5】の様になり、個人の手取り額は6万5880円アップします。

この人が給与を1カ月で全て消費すると仮定して、消費税を10％（仮）とした場合の負担額としては3万6606円となります（個人の手取り額は増えています）。

【図 4】

総支給額	381,934 円	
控除額合計	81,753 円	内訳＊1
差引支給額	300、181 円	

＊1　雇用・基本健康・特定健康・介護・厚生年金・給与所得税・住民税など

厚生年金個人負担金	32,940 円
会社負担金	32,940 円
計	65,880 円

国に納める額　65,880 円　⇒　年金財源となる。

【図 5】

総支給額	381,934 円	
控除額合計	48,813 円	＊給与所得税：住民税など
会社負担金	32,940 円	＊会社負担金は個人へ支給する。
差引支給額	366,061 円	

【図 6】

総支給額	300,000 円
国民年金控除額	16,490 円
差引支給額	283,510 円

＊ここで使用した数字は、実際の国民年金資料を基に、筆者が推定した試算です。

次に国民年金加入者（自営業者・農林水産業者など）はどうなるのか検証します。同様に、この人も国民年金を納付せず、給与を1カ月で全て消費すると仮定して消費税を10％（仮）とした場合の負担額としては3万円となり1万3510円増しで納める形になります（【図6】）。

しかしながら、国民年金加入40年として年金支給額はいくらになるのでしょうか？　はたして安心して老後を過ごすことが出来るのでしょうか？　国民年金加入者の皆さんには今の制度より年金負担（消費税10％仮とした場合）は大きくなりますが、年金支給額（受給時）は大きく増える制度案という事です。

メディアのインタビューで個人経営の八百屋さんやスーパー、小売店・飲食店など多くの店主の皆様方が消費税増税に対して胸の内を明かす時『価格に添加する事が出来ない』『お客様に申し訳が立たない』『身を削りながらお店を経営しているんだ』と言う姿を目にし耳にする時に、私は他人事だと思えず胸が強く締め付けられ、悲しくてなりません。

その様に必死になって働き、お店を経営している現状を見て見ぬふりをしていいのでしょうか？

人は誰もが年老いていき年金受給者となります。商品やメニューに添加される消費税が年金財源になるんだという事を国民が正しく理解する・理解させる、そうすれば店主たちも苦悩から解き放たれ罪悪感を払拭出来ると思っています。

日々の商いでお客様とのやりとりに笑顔が生まれ、ほのぼのとした光景を目にする事が出来ると私は信じています。


国民の食を支える第一次産業に従事する皆さんの場合はどうでしょうか？　農林水産業に携わる方々の就労状況は極めて厳しい環境下にあります。

自然相手であるため、
①一日の作業時間は決められておらずムラがある。
②自然災害のリスクが高く収入が安定しない。
③繁忙期と閑散期の差が激しい。
④定年や退職金が無い。
⑤労働環境が悪い（極暑・極寒・危険を伴うなど）。
他の業種に比べて一目瞭然で理解出来ると思います。

先祖代々受け継いできた田畑や山林、漁場を守りたいと思う健気で純粋な子供達がいても、いざ就職となると「安定と高収入」が得られる都会に就職してふるさとをあとにするのです。

定年も退職金もない人々には働けなくなった時、年金頼みの老後不安は当然大きく伸し掛かってきます。

私の提案する年金制度の一本化、年金支給額を同額にすれば老後不安をとり除く事が出来ると思います。社会生活を営む私たちにとって『衣』『食』『住』は欠かせない大きな要素です。『食』においては安全で安心して食する事が出来て、安価で安定している事が求められます。その大事な『食』を守るという事は、生産者を守る事であり国家国民の義務であり大義ではないでしょうか。

この様な理解が国家国民に広がり、定着の方向へ進めば使命感を抱き夢と希望をもって第一次産業を引き継ぐ若者が一人また一人と生まれ、後継者不足の問題にも一筋の光をかざすことが出来るのではと私は思います。

②年金支給年齢の先延ばしをしなくて済む

この問題の根本は、財源不足から止む無く国が打ち出した苦肉の策です。なので、消費税で安定した財源が確保できれば支給年齢の先延ばしは必要なくなり、必然的に解消されます。

③年金積立金の運用リスクはなくなる

そもそも、運用リスクと言われても、なにがリスクなのか分からない人も多いと思います。

私たちの年金積立金を国は、国債や証券、株式等に投資し利益を出し不足する年金財源を補填するために運用しています。そして、補填額を増やし年金財源を安定させる目的と称し運用額を増やす方向へ進んでいます。

目的は立派であっても、手段として投資は納得できません。当然のことながら、投資は利益も生めば、損失も生みます。私たちの老後の大切な年金財源を投資に廻して良くないのは当然のことです。損失が出たとき、誰がそのお金を保証しますか？　また国民にツケをまわすのですか？

私が強く反対する理由は、想像で言うのではなく、実際に損失を出した実例があったからです。

ＡＩＪ投資顧問の年金消失問題です。

この事件は、私たちの国民の年金をカットするほどの大きな問題となりました。

これは、運用の失敗で約２０００億円の消失がでて、その穴埋めは厚生年金基金制度の見直しのキッカケとなりました。結局、ツケは私たち国民にまわったのです。年金財源を確保でき、安定すればリスクを背負った投資運用をしなくてすみます。リスクはゼロになるのです。

以上が、年金財源不足から発生する現制度の問題点で、その解決案であると、私は考えています。

しかし、その一方で、私の提案する新制度で日々の暮らしは本当に良くなるのか？　不平・不満はおきないのか？　景気は落ち込まないのか？　多くの疑問があるのは、当然のことです。予想される問題点、景気への懸念を払拭するため、私の見解と同時に新制度によってもたらされる相乗効果を合わせて述べます。

■消費税アップで経済に及ぼす影響はどうか？

この点については、消費税が３％⇓５％へ、５％⇓８％へアップした時とは、全く異なるケースだと思います。

私の提案する消費税は、目的税だということです。使途が明確で、国民に見える形なので、結果に対して納得できるのです。消費する事で、年金財源が産み出されるのです。

国民の消費額が大きくなればなるほど、年金財源が増え、支給額が増えるシステムです。

したがって、消費マインドが冷え込むのではなく、逆に高まり経済は活性化すると思います。

現制度の私たちの多額の年金財源は、経済市場に全くというほど寄与していない死に金（回らない・回せない・動かないお金）と、なっています。経済はイコールお金です。景気の良し悪しは、市場に出回るお金の量や、動く速さ（スピード）、循環が判断基準になります。〝金は天下の回りもの〟と、いう表現が的を射た高度成長期の良い時代も、確かにありましたが、今は、「金は天下に回すもの」だと、積極的な思考とお金の循環が良くなる制度システムを立案・導入する事が緊急かつ、必須ではないでしょうか。消費税で年金保険料を徴収する事で、市場に出回ったのち、国のタンスに収まり（納付）、また、そのお金を年金支給でタンスから引き出される（受給）、その循環が経済の活性化を促すのだと思います。

また、制度をシンプルにする事で、理解しやすくなります。年金業務のスリム化も図れ、関係職員の数も限りなく減らすことができ、必然的に人件費の大きな削減に繋がり財源の歩留りも向上します。

それから、毎日のようにオレオレ詐欺や、振り込め詐欺の被害報道がされています。被害者の殆どが高齢者で、老後の生活資金として、何十年も働き、コツコツ蓄えた大切なお金がターゲットとなっています。老後の生活が「安心」出来る年金制度になれば、高額な貯金も必要なくなるため、被害者を減らすことになるのではないでしょうか。

参考として、平成29年度の振り込め詐欺被害額は、発覚しているだけでも、**378・1億円**に達しています。

受給年齢を60歳からとすれば景気は良くなる。

受給年齢が先延ばしされる政策については、前項でも説明してきました。

日本人の平均寿命は年々延びていて、今日では『男性81・2歳』『女性85・7歳』まで来ました。近い将来100歳まで延びると予測する専門家もいて現実味をおびてきていると思います。

60歳以上を老後とする呼び方をすれば、老後の期間は20年、30年、40年と長くなる事になります。幸せな人生を生きたいと思う国民にとって、老後の過ごし方は今よりもっと大きなウエイトを持ち大事なことになってきます。

私は労働年齢が60歳から65歳、更に70歳と長くなる事に反対している訳ではありません。むしろ長く働く事は良い事だと思います。問題なのは働く状況やその人の気持ちが重要だと言いたいのです。

年金だけでは暮らしていけないため、止む無く働かざるを得ない。また、いよいよ体力の限界をむかえたり、健康面を理由にリタイアする時、待っているのは医療（通院・入院）生活となっている姿、この様な事を想像すると果たして希望は持てるのでしょうか？人生を振り返って見て良い人生だったと思えるでしょうか？

私自身その様な老後を生きたくありません。ですから受給年齢を60歳にするべきだと思うのです。

年金を受け取りながら働き、その収入で日々の暮らしを営みながら少しずつは蓄えて、纏まったお金になれば、そのお金で長年連れ添った妻と温泉旅行や日帰りツアーに行く事も出来、またそれを行う事が消費となり、年金の財源となるのです。

お金に関わる事で、妻や子供たちに思いはありながらもしてあげられなかった事を一つ一つと思いを返して行けるのです。子や孫にも「いっぱい」「いっぱい」色々としてあげられるのです。私の提案する改革が実現すれば気力が生まれ70歳まで働く事も苦ではなくなり喜びに変わります。また、モチベーションも上がり、ますます働く意欲が湧き活気ある老後を生きる事が出来ると思います。

その様になれば必然的に健康寿命は長くなるのではないでしょうか？

健康寿命が延びれば、医療費が減り健康保険の財源も安定・削減できると思います。

まとめ

私たちのこの日本という国は資本主義の下、民主主義を唱え理想の国づくり、自由主義国家を目標として進み今日に至っています。明治維新から大正・昭和・平成の時代の歴史を振り返ってみると、大きな困難や苦難、時には大きな犠牲がはらわれたにも関わらず、国民の団結と勤労・勤勉により世界の経済大国にまで、日本国家を成長させてきた事に私は心から継承された国民性を尊敬すると同時に感謝し、誇りに思います。

しかしながら、多くの先人たちが礎となって築かれたこの国の未来と将来はどうでしょうか？　年金制度一つ取り上げてみても不安でなりません。礎となった先人たちの労に報いるためにも、国民が一つとなり知恵を絞り、末裔に誇れる政策や制度を作らなければと強く思い年金制度素案（草案）を提案しました。

『駕籠をかる人　かつぐ人　そのまた草鞋を作る人』という私たちの先人が残した素晴らしい至言があります。

このことわざは、私たちが暮らす社会、国家は多種多様な職業とそこで働く人々の存在が何一つ欠けても成り立つ事が出来ないという事のたとえであり教訓だと理解しています。それ故に年金額を全ての国民に同額平等にすべきだと私は考えました。この考えは社会主義思想や社会主義国家思想を推奨するものではありません。あくまでも、現国家体制の中で用いる制度だという事を強く申し上げておきます。

年金受給年齢まで現役世代は『努力すれば報われる』という競争原理がはたらき、勝ち組も負け組も必然的に生まれますが、それは現役世代にとどめ、現役を退いた後は、国民皆平等にあるべき扱うべきという事です。

まさに先人の至言を教訓とし、活かす事の出来る制度だと私は思っています。

『蒔かぬ種は生えぬ』ということわざがあります。何か成果を出したければ行動をする以外に術は無いと言う事です。また、その成果は直ぐに形としてあらわれるものもあれば、長い年月をかけてあらわれるものもあります。林業を営む者であれば今日伐り出す木は樹齢50年の杉、その木は50年前に先代が植えた杉の苗です。

伐り出した地へまた苗を植えて絶える事のない繰り返しが立派な杉山を守り林業を支えているのです（先代から末代への贈り物の繰り返しです）。

また、日本各地には桜の名所地が数多くあり、花見の季節には大勢の人々が桜の木の下で花見酒に舌鼓をうったり、眺めたりしながら美しい桜の風景を楽しみ、また来年と期待し胸を躍らせ過ごします。その様な桜並木も森の風景も全てが何十年か前に桜の苗を植えた人たちがいて、その苗を守り育ててきた多くの人たちの行いのおかげである事を私たちは忘れてはなりません。

私は今回の『年金制度の見直し』改革案を考える時に長い年月をかけなければならない、年月をかければ改革は出来ると考えました。具体的に言うなれば、次の例で説明します。

本人の希望若しくは家庭の事情によって中学卒業後に社会に出て働くケースを取り上げてみます。

私が提案する素案が新制度として導入された場合、15歳から働き、60歳で年金受給すると45年後は全て同年同額支給の制度が完成すると言う事です。現行制度を45年かけて移行する長期プロジェクトだと言う事です。

確かにこのプロジェクトは多くの解決しなければならない問題があります。加入している年金制度の違い、加入年数や納税額などを加味しながら支給額を試算しなければなりません。同時に財源額の推移も正確に把握しなければなりません。また、膨大なデータを正確に入力する作業も必要になって来ます。

その大変さを理解しながらでも私はやるべきであり、できると確信しています。日々高度化している人工知能やコンピュータの計算スピードアップなど科学技術を駆使すれば可能であると思っています。『蒔かぬ種は生えぬ』……今年蒔けば45年後には成果として出てきます。蒔かなければ永遠に生まれないのです。

最後に私のメッセージを書きます。

あとがき

「たかが一匹　されど　一匹の人間」魂の声

この本に、最後まで目を通しお付き合い頂いた読者の皆さん、ありがとうございました。
それぞれ、私の考えに賛否はあるかと思いますが、執筆に至った私の思いは伝わったと思います。この本との出会いを一つのキッカケとし、政策や制度に真剣に向き合い考えてみませんか？　そして、それぞれの立場で「今、出来る事」「やるべき事」を行動に移してみませんか？

子育てまっただ中のお父さんお母さん、大事な子供さんが大人になった時、この国の未来に期待ができますか？　夢や希望が持てますか？

今、あなた方が、この国をもっと良くするために考えたり、行動する事はあなたの大切な、大切な子供達の未来をつくる事です。

あなたの子供が立派に育って成人を迎える日、この日本の国も立派な成人を迎えられるようチョットだけ頑張りませんか！

おじいさん・おばあちゃん老後の生活に満足していますか？　不安はありませんか？

家族のため、日本の国のため、こんなにも長い間頑張ってくれて本当にありがとうございます。心から感謝しています。あなたの生み育てた子供達はみんな一生懸命頑張って、頑張って、頑張ってひたすら頑張ってあなたに感謝しながら生きています。

おじいちゃん、おばあちゃん、もう少しだけ力をかしていただけませんか、あなたの子供さんやお孫さん

が頑張っているこの国を良くするために・・・

学生の皆さん・社会人駆け出しの若者の皆さん、政治は自分とは縁遠いものだとか関係ない事だと切り離していませんか？　また、国や政治家を批判するだけで自責を忘れ他責の文化に染まっている事に気付いていますか？

若者の手で、この国に散乱しているゴミを一個ずつ、一個ずつ拾い綺麗な国にしませんか？

みめうるわしきなでしこよ、サムライ日本の大和男児よ、大志を抱きこの国を変えようではありませんか！　豊かな日本をつくろうよ！　あなた達、若者の力で！

政治家の皆さん初めてマイクを手に街頭で訴え、呼びかけた初心、志を忘れず政治活動をしていますか？

「天下万人の幸せのため」身を粉にして働くと言う政治家の大きな使命を忘れ私利私欲に汚れた心が「目的」と「手段」をはきちがえさせていませんか？

神の罰より主君の罰恐るべし
主君の罰より臣下百姓の罰恐るべし
政治家の皆さん、戦国武将、黒田官兵衛の言霊に胸を張って堂々と向き合えますか？

公務員や官僚の皆さん、公僕の心得を胸に日々の業務を行っていますか？

仮にあったとしても自分の手の届かないタンスのずーっと奥にしまい込んで、あることすら忘れているんじゃないですか？

皆さんの不祥事は国民を欺く裏切り行為です。

企業を管理監督する立場でありながら言語道断です。

自らの手で、霞が関の「5S」をするべきです。

「整理」「整頓」「清掃」「清潔」「躾」を。

ブランドスーツで身を飾る経営者の皆さん、あなたの肩に従業員やその家族、多くの人生が重くのしかかっている事を肝に銘じ、覚悟をもって判断し決断を下していますか？

スーツに負けないプライドと誇りを持っていますか？

第35代アメリカ合衆国大統領ジョン・F・ケネディが国民に呼びかけた名言です。

「アメリカ国民諸君！　国家が諸君のために何をしうるかを問うのではなく、諸君が国家のために何をしうるかを考えよ。」

私は今の日本の政治家、日本の国民に呼びかけている様に聞こえます。

またこれは１９２２年アインシュタインが日本を訪れた時に日本に託した言葉だと云われています。


『近代日本の発達ほど世界を驚かしたものはない。

その驚異的発展は他の国と違ったなにものかがなくてはならない。

果たせるかなこの国の歴史がそれである。

この長い歴史を通じて一系の天皇を載いて来たという国体をもっていることが、それこそ今日の日本をあらしめたのである。

私はいつもこの広い世界のどこかに、一ヶ所ぐらいはこのように尊い国がなくてはならないと考えてきた。

なぜならば、世界は進むだけ進んでその間幾度も戦争を繰り返してきたが、最後には闘争に疲れる時が来るだろう。

このときに人類は必ず真の平和を求めて世界の盟主を挙げなければならない時が来るに違いない。

その世界の盟主こそは武力や金の力ではなく、あらゆる国の歴史を超越した、世界で最も古くかつ尊い家柄でなくてはならない。

世界の文化はアジアに始まってアジアに帰る。

それはアジアの高峰日本に立ち戻らなければならない。

我々は神に感謝する。

神が我々人類に日本という国を作って置いてくれたことである。』

私は声を大にして伝えたい。一世紀も前の時代に世界の偉人が認め称賛した日本国たる所以を鑑み、そして誇りを持ち、

「日出ずる国ジパング」

「日の本という美しの国、日本」

この国を守り発展させなければならないことを・・・

一億二千万人よ！　変えなきゃ・変わらなきゃマジヤバイ！　甦れ大和魂

「天は　人の上に人をつくらず　人の下に人をつくらず」
福沢諭吉先生の「学問のすすめ」の意志を引き継ぎ人は皆平等に幸せに生きる権利と自由があるという原理・原則に基づき

「原点回帰」
全ての国民が国づくりに参画し大義をはたすべき事を

平成30年11月25日
前盛　叶

感謝とお礼

私は今、原稿を書き終えて不思議な高揚感に包まれています。

被い尽くしていた雲がすーっと消えて、霊峰の冠雪がくっきりと目の前にその姿をあわした瞬間の感動にも似た感覚です。

また同時に、私の心の奥底につかえていた何かが取れたような感じで爽快な気持ちです。

日頃から、自分の考えている事や思いをこの本に、正直にあるがまま書けた事を本当に良かったと何より嬉しく思います。

そして、下手な素人が書いた、まとまりのない原稿が出版までこぎつけたのは、周りの人達の支えと協力があったからだと思います。

なかでも、吉川友浩氏におかれましては、なぐり書きの原稿を正書して頂いたり、文章の手直しや沢山の助言、アドバイスを頂きました。貴重な休日も惜しむことなく時間をさいてもらい我が事のように誠心誠意ご協力を頂いた事に心から感謝し、お礼を申し上げます。

ありがとうございました。

また、出版を引き受けて頂きました風詠社様、スタッフの皆様方には、ど素人で無知な私の不徳により数々の面倒やご無礼、ご迷惑をおかけしましたが最後までご協力を頂き、出版出来た事、この場をお借りして感謝とお礼を申し上げます。
誠にありがとうございました。

本書の中で、読者の皆さまへの問いかけや呼びかけは、私自身への問いかけであり奮起を促すためのものでもあります。そして出した答えは、「人間を卒業する日に卒業証書をもらい卒業出来る人間の業を身につける事」です。
そのために、自分自身へのいましめと、これまでの恩を忘れず感謝の心を持ち続けるために、故人となられた　永六輔氏の歌詞「生きているということは」を記します。

生きているということは
生きているということは誰かに借りをつくること
生きていくということはその借りを返していくこと
誰かに借りたら誰かに返そう

誰かにそうしてもらったように誰かにそうしてあげよう

生きていくということは誰かと手をつなぐこと
つないだ手のぬくもりを忘れないでいること
めぐりあい愛しあいやがて別れの日
その時にくやまないように今日を明日を生きよう
人は一人では生きていけない
誰も一人では歩いていけない

生きているということは誰かに借りをつくること
生きていくということはその借りを返していくこと
誰かに借りたら誰かに返そう
誰かにそうしてもらったように誰かにそうしてあげよう
誰かにそうしてあげよう
誰かにそうしてあげよう

お世話になった皆様、お陰様で出版できた事を心から感謝申し上げます。
ありがとうございました。
今　この時とばかりに　いざなう　桜の下で

平成31年4月吉日
前盛　叶

前盛　叶（まえもり・かのう）

昭和33年11月25日に沖縄県石垣市字白保83番地に四男四女の末っ子として生まれる。
同地区の小学校・中学校を卒業
昭和51年4月、沖縄県立八重山商工高等学校卒業後、同年6月、北海道南富良野町で畜産研修生として実習。
昭和52年、帰郷し実家の畑作畜産を手伝う。
昭和60年、沖縄日誠総業㈱に就職
昭和62年、石垣全日空リゾート㈱に就職し兼業で畜産業を始める。
平成10年、沖縄県豊見城市内の（医療法人）大浜第二病院就職、環境整備課長として庭園管理美化業務を行う。
平成14年退職
平成16年、愛知県で期間工員として就職、派遣、パート社員として現在に至る。

原点回帰

2019年7月8日　第1刷発行

著　者　前盛　叶
発行人　大杉　剛
発行所　株式会社 風詠社
〒553-0001　大阪市福島区海老江5-2-2
大拓ビル5 - 7階
TEL 06（6136）8657　http://fueisha.com/
発売元　株式会社 星雲社
〒112-0005　東京都文京区水道1-3-30
TEL 03（3868）3275
印刷・製本　シナノ印刷株式会社

ISBN978-4-434-26313-2 C0095